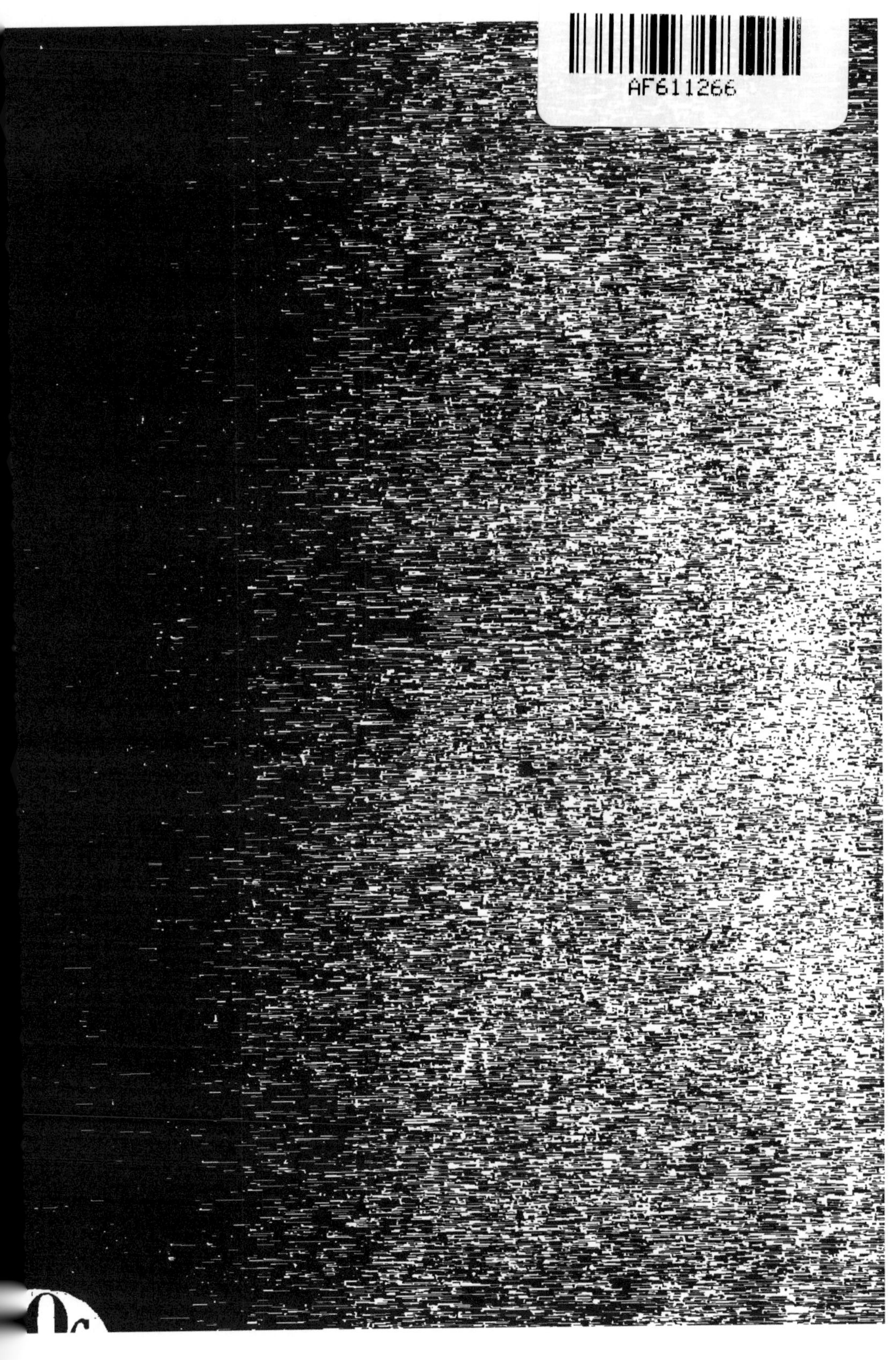

L'ESPAGNE

ET

SON AVENIR

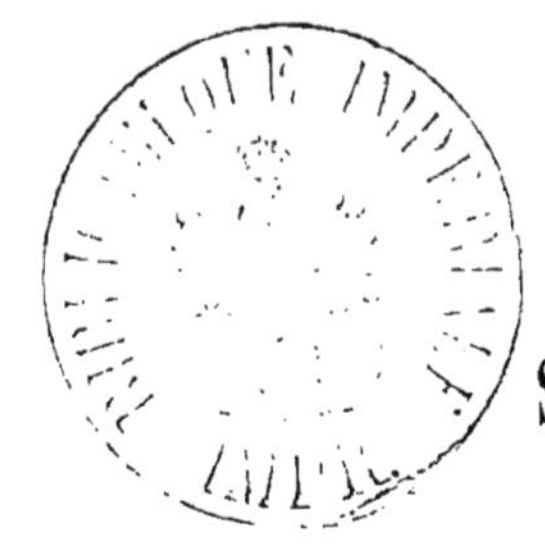

PAR ÉMILE BONNAUD.

PRIX 1 Fr. 25.

PARIS
CHEZ CASTEL, LIBRAIRE-ÉDITEUR,
PASSAGE DE L'OPÉRA.
1860.

L'ESPAGNE ET SON AVENIR.

INTRODUCTION.

Lorsqu'après avoir étudié la situation actuelle de l'Espagne, on remonte un peu en arrière, on est frappé du changement qui s'est opéré en quelques années dans les conditions économiques de ce pays. Si l'on en excepte l'Écosse, il n'est pas une contrée en Europe qui fournisse une démonstration plus éclatante de ce principe : que la création et la mise en jeu des forces productives sont la seule garantie de prospérité durable et de richesse pour un grand peuple.

La nature a tout fait pour l'Espagne. Son ciel est le plus beau de l'Europe, son sol est des plus fertiles et des plus propres à l'agriculture. Les arbres s'y couvrent de fruits sans le travail de l'homme; la terre y produit d'elle-même sans s'épuiser jamais.

Ses montagnes recèlent des mines d'argent, d'or, de fer, d'étain, de plomb, d'antimoine, de mercure, de charbon. L'Espagne exporte des vins, des fruits secs, de la laine, de l'eau-de-vie, de l'huile, de la soude, du tabac; en un mot, elle possède et récolte toutes les richesses naturelles disséminées sur la surface du globe.

Elle a découvert et possédé le nouveau monde et ses trésors immenses; elle a eu au xve siècle une prépondérance inouïe en Europe : aussi a-t-elle pu rêver un instant, appuyée sur le génie de Charles-Quint, la monarchie universelle.

Et pourtant, ce royaume dont la puissance fut si merveilleuse, dont l'agrandissement avait été si rapide, eut une décadence plus prompte encore et plus prodigieuse, sans aucun doute, car le souverain qui posséda le Pérou vit son règne se terminer par une banqueroute.

Quelles furent les causes de la ruine de la monarchie de Charles-Quint et de Philippe II ? Telle est la question que l'on se pose, alors que, l'histoire à la main, on assiste à la dissolution de cet empire gigantesque.

On a dit que la politique fut pour beaucoup dans ce changement étonnant; que la poursuite d'un rêve irréalisable épuisa l'Espagne, et que le despotisme fit le reste. Nous le voulons bien.

Quant à nous, nous attribuons surtout l'épuisement et la désorganisation de l'Espagne à l'expulsion des Maures qui eut lieu en 1609, et qui, complétant ce qu'avait commencé celle des juifs, au xve siècle, porta le dernier coup à la prospérité de l'Espagne.

En effet, cette mesure impolitique n'eut pas seulement pour résultat de diminuer de 800,000 habitants un royaume déjà dépeuplé par les guerres et les émigrations : avec les Maures on bannit de l'Espagne l'agriculture et l'industrie, comme, avec les juifs, on avait chassé le trafic et le négoce. Dépourvu de la richesse véritable, celle qui a sa source dans le travail et dans l'effort de l'intelligence, ce grand royaume se trouva dès lors réduit aux richesses que l'Amérique lui envoyait chaque année, mais que les corsaires et les tempêtes arrêtaient souvent dans leur route. Bientôt ces richesses factices ne suffirent qu'à peine à payer l'industrie étrangère, et l'Espagne ne produisant pas, obligée d'acheter au dehors toutes les choses nécessaires à ses besoins, se trouva, selon une pittoresque et énergique expression, « comme la bouche qui reçoit tout et ne garde rien pour elle. »

Telle fut, nous n'hésitons pas à le dire, la cause déterminante de la ruine de la puissance espagnole.

En vain, Ferdinand VI, après une longue suite d'épreuves, essaya-t-il de rendre à l'Espagne la prospérité qu'elle avait perdue; en vain, ce monarque, qui mérita le surnom de Sage, fit-il de grands et louables efforts pour ranimer l'industrie, remettre en honneur l'agriculture. A cet égard ses efforts furent infructueux; mais du moins son nom est-il resté au nombre des bienfaiteurs de la nation; car, après avoir diminué les impôts, rétabli l'ordre dans les finances et dans l'administration, combattu vigoureusement le fanatisme, il légua à l'avenir, comme une conquête de l'esprit de tolérance et de la liberté, le fameux concordat de 1753.

Malheureusement Charles IV, son successeur, ne continua pas son œuvre. La révolution française venait d'éclater; tous les trônes tremblaient sur leur base, et la plupart des souverains, au lieu de se mettre hardiment à la tête du grand mouvement de régénération qui entraînait l'humanité vers l'avenir, se cramponnaient, saisis de terreur, aux étais vermoulus du passé.

Nous n'avons pas à réveiller ici des souvenirs qui vivent dans tous les cœurs aussi bien en Espagne qu'en France, et qui pour les uns sont un sujet d'admiration, pour les autres un titre de gloire. Vaincue d'abord sur les champs de bataille par des armées que l'Europe entière n'avait pu arrêter, l'Espagne montra au monde ce que valent l'enthousiasme et la bravoure d'un peuple réduit au désespoir.

Rien ne manqua alors à la gloire de l'Espagne, qui choisit pour fonder ses libertés politiques le moment même où elle défendait pied à pied l'indépendance de son territoire.

De l'île de Léon sortit la constitution qui devait régénérer politiquement l'Espagne.

On sait les luttes qui précédèrent et suivirent l'avénement de la reine Isabelle au trône d'Espagne, époque à laquelle a commencé une ère nouvelle pour le pays. Ces luttes, qui causèrent tant de maux et tant de désastres, ne sont pas restées stériles. Le sang versé dans la guerre civile fonda la liberté et ruina sans retour le despotisme. Depuis lors le gouvernement de l'Espagne a repris son cours régulier; fort de son droit, il s'est concilié les sympathies de l'Europe entière par sa modération, et il n'a cessé de poursuivre, pour le bien du pays, l'œuvre d'une régénération dont les résultats éclatent à tous les yeux.

L'Espagne a aujourd'hui reconquis en Europe, par l'agriculture, par l'industrie, par les réformes de toute sorte, comme, dans une guerre récente, par le prestige de ses armes, le rang qui lui appartient; secondé par la révolution politique, le retour aux vrais principes économiques a exercé une influence marquée sur les conditions d'existence et le développement du commerce et de l'industrie espagnols. La destruction des couvents, le retour à la vie civile, au travail, d'hommes jusque-là sans utilité pour le pays, enfin la protection intelligente, les efforts infatigables du gouvernement de la Reine ont amené un changement radical dans les mœurs et les habitudes et déterminé un grand développement du travail national. D'autre part, les capitaux français apportés en Espagne, grâce à l'initiative des soumissionnaires de l'emprunt de 1857, la rentrée dans la circulation du numéraire espagnol qui, faute de confiance, se cachait dans les coffres, enfin la fondation de nombreux établissements de crédit, ont hâté une rénovation qui se complète et se généralise chaque jour.

En même temps que l'agriculture, l'industrie minière et métallurgique renaît; dans le Guipuscoa, dans la Biscaye, dans l'Aragon, dans la province de Grenade, s'élèvent des usines où l'on travaille le fer; la soierie, l'industrie linière, la papeterie, sont dans une période de développement continu, et, par une conséquence naturelle, le commerce extérieur de l'Espagne avec les autres nations de l'Europe et avec les colonies a repris une grande importance.

Enfin, la création de chemins de fer, qui relient déjà entre elles la plupart des provinces de la Péninsule, et qui bientôt sillonneront, du nord au midi, de l'est à l'ouest, toutes les parties du territoire, constitue des éléments nouveaux et incalculables de prospérité et de richesses.

Nous avons tracé rapidement l'exposé de ce qui nous a paru le trait caractéristique et principal de l'histoire de l'Espagne, au point de vue économique;

Nous avons essayé de démontrer la véritable cause du temps d'arrêt dans la marche industrielle de l'Espagne vers l'avenir;

Nous avons signalé la nouvelle et décisive étape dans laquelle elle est engagée.

Pour compléter ce tableau, nous nous proposons d'examiner successivement la situation actuelle de ce pays, vers lequel se tournent aujourd'hui tous les regards :

1° Au point de vue financier, c'est-à-dire en ce qui concerne sa dette, ses ressources et ses charges;

2° Au point de vue industriel et commercial, c'est-à-dire en ce qui concerne le mouvement général des transactions, les importations et les exportations, la fabrication indigène, etc., etc.;

3° Au point de vue de ses établissements de crédit et de ses chemins de fer.

Et nous conclurons logiquement de ces renseignements au point de vue de son avenir.

Nous croyons que cette étude, consciencieusement faite et basée sur des renseignements authentiques, offrira quelque intérêt.

La France, déjà si intéressée dans les entreprises de l'Espagne, suit d'un œil attentif et bienveillant le mouvement de régénération qui s'opère au delà des Pyrénées ; elle n'a cessé de faire des vœux pour cette noble nation, que des liens chaque jour plus intimes unissent à elle, et elle n'a pas de plus vif désir, d'intérêt plus cher, que la prospérité agricole, commerciale, industrielle et financière de ce beau pays.

I.

SITUATION FINANCIÈRE.

Le déficit a été pendant longtemps l'état normal du budget de l'Espagne.

D'un tableau dressé par M. Pita Pizzaro, qui a été plusieurs fois ministre des finances en Espagne, et dont l'intelligence et l'honorabilité doivent inspirer toute confiance, il résulte que la moyenne du déficit annuel, de 1830 à 1835, était régulièrement d'environ 550 millions en réaux, ou plus de 100 millions en francs. En 1837, sous le ministère de M. Mendizabal, il s'est élevé, de l'aveu même de ce ministre, à plus de 1 milliard 100 millions de réaux, et c'est ce budget que M. Mendizabal, son auteur, avait appelé un *Budget modèle*.

L'avénement au ministère de M. Mon, à la fois financier habile et homme d'État éminent, qui eut lieu vers la fin de 1844, amena, il est vrai, les premières tentatives d'une réforme dans les finances. Mais le prétendu équilibre qui semblait exister dans les finances ne fut malheureusement, sous ce ministre et sous ses successeurs, qu'un artifice des plus fragiles. La législation économique, à laquelle on aurait dû s'attaquer d'abord, pour obtenir des améliorations sérieuses, n'avait pas été modifiée; les accroissements de recettes, base éventuelle du nouveau système, ne s'étaient pas réalisés; le budget progressiste avait un côté radicalement faible. La grande combinaison financière des Cortès en 1856 consistait dans l'abolition définitive de l'impôt des consommations (*consumos*) et dans son remplacement par une taxe nouvelle et exceptionnelle, connue sous le nom de *derrama* (impôt progressif). Au fond, c'était substituer à un impôt éprouvé et productif une contribution vague, inégale et vexatoire, et d'ailleurs la *derrama* n'avait produit à la fin de 1856 que 58 millions de réaux, au lieu de 80 millions inscrits au budget. La dette flottante pesait incessamment comme une charge des plus lourdes sur le Trésor, et M. Santa-Cruz, ministre des finances à cette époque, se voyait obligé d'user de la faculté donnée au gouvernement par la loi de 1855, en se procurant, par la voie de l'adjudication publique, une somme effective de 200 millions de réaux, au moyen d'une émission de rente, d'un chiffre beaucoup plus élevé.

Le moment était des plus critiques. Aux charges immenses créées par la révolution, on n'avait à opposer qu'un budget équivoque et un emprunt qui avait pour résultat d'ajouter aux dépenses publiques une somme annuelle de plus de 20 millions d'intérêts pour un capital réel de 200 millions, qui allait se perdre, sans profit pour le pays, dans le gouffre des déficits.

Ce fut heureusement sur ces entrefaites qu'un changement radical, survenu dans la politique du pays, mit la direction des affaires aux mains du parti conservateur. De cette époque date toute une ère nouvelle, signalée par un ensemble de mesures économiques, dont nous voyons aujourd'hui les premiers résultats.

Le nouveau ministère ne prenait pas le pouvoir dans des conditions faciles. A son arrivée, il trouvait les caisses du Trésor à peu près vides, des obligations énormes à la charge de l'État, un système d'impôt rendant la perception presque impossible, et, de plus, tous les embarras et tous les dangers d'une crise de subsistances. Il fallait donc à tout prix gagner du temps, créer des ressources pour arriver à un état plus normal. Au point de vue financier, comme au point de vue politique, la première nécessité était de se procurer de l'argent. En demander de nouveau à un pays épuisé, c'était continuer les errements des administrations précédentes, et acheter bien cher un expédient dont le succès n'était même pas assuré.

Telle était la situation financière de l'Espagne, lorsqu'un banquier de Paris, M. Mirès, adressa au Gouvernement des propositions qui permirent au ministère d'éviter l'écueil dangereux sur lequel avaient échoué ses prédécesseurs.

La loi du 23 février 1855 autorisait le gouvernement à émettre des titres en quantité suffisante pour se procurer 500 millions de réaux effectifs; 200 millions avaient été obtenus par le ministère progressiste lors de l'adjudication du mois de mai: il restait donc une marge de 300 millions de réaux à réaliser.

M. Barzanallana, ministre des finances, négocia directement avec M. Mirès un emprunt dont les conditions favorables aux deux parties furent réglées comme il suit : M. Mirès devait rester dans tous les cas soumissionnaire de l'emprunt de 300 millions de réaux à un taux déterminé, mais en se réservant le bénéfice éventuel d'une adjudication dont le point de départ serait le minimum adopté dans son traité. De la sorte, le gouvernement espagnol était assuré d'avoir l'argent qui lui était nécessaire, sans renoncer toutefois à voir les conditions de son contrat améliorées par l'effet de l'adjudication publique. Les obligations du banquier français consistaient à fournir au Trésor la somme de 300 millions de réaux, en cinq versements bi-mensuels de 60 millions. Pour se couvrir, M. Mirès recevait du gouvernement espagnol des titres de la dette extérieure au prix de 41, plus 3 0/0 de commission sur le capital nominal. L'adjudication publique eut lieu le 17 décembre 1856, et la concurrence éleva à 42 56 au lieu de 41 le taux de la rente à fournir aux contractants. C'était par conséquent une amélioration des conditions du traité passé entre le ministre des finances et M. Mirès.

Cette négociation, bien que soumise, comme on vient de le voir, à la sanction de l'adjudication publique dans l'intérêt du gouvernement espagnol et de sa responsabilité, n'échappa pas aux critiques et aux récriminations des partis ; cependant elle devait être le point de départ d'une situation de crédit toute différente pour l'Espagne. En effet, nul ne peut le nier, les capitaux étrangers, que le règlement de la dette différée (emprunts de 1820 à 1823) avait éloignés de la Péninsule, ont repris depuis cette époque le chemin des Pyrénées! L'exemple du Directeur de la Caisse générale des chemins de fer, M. Mirès, enhardissant les financiers, des Sociétés puissantes, créées déjà, ou qui se sont développées depuis, assurèrent bientôt à l'industrie le concours si puissant de l'association.

Tels ont été les premiers et importants résultats de l'intervention des capitaux étrangers en Espagne. Dès aujourd'hui, le progrès est manifeste. L'accroissement de la richesse nationale apparaît surtout dans les recettes budgétaires, qui, pour certaines branches de revenus, ont augmenté de 300 0/0 en quelques années.

Ainsi, le produit du timbre, qui n'était que de 17 millions de réaux en 1846, dépasse aujourd'hui 70 millions. Le sel donnait 38 millions ; il produit maintenant 118 millions au Trésor ; le tabac, de 135 millions, s'est élevé à 300 millions ; le revenu des douanes, qui était de 120 millions, est de 240 millions ; l'impôt des mines, presque insignifiant, il y a quelques années, est porté dans le budget de 1860 pour 8 millions de réaux.

Le budget voté dans la session dernière des Cortès fixe pour 1860 les dépenses ordinaires à 1,887,369,825 rx., et les recettes à 1,892,344,000 rx., ce qui constitue un excédant de recettes de 4,974,175 réaux. Le budget de 1859 présentait un excédant de 8,069,013 réaux. Il est vrai qu'à côté de ce budget ordinaire figure le budget extraordinaire, montant à la somme de 304 millions de réaux en recettes et en dépenses qui doit être couvert pour 214,112,665, par la vente des biens nationaux ; pour 10 millions, en remboursement de subventions accordées aux chemins de fer ; pour 79,812,000 rx. en bons du Trésor ; mais nous devons ajouter que ce budget, dût-il être dépassé, et il le sera sans doute, par suite de la liquidation des dépenses de la guerre du Maroc, dont l'indemnité n'est pas encore réglée, n'en présente pas moins un symptôme économique très-favorable, et qui doit être noté, à savoir que les dépenses productives doivent entrer pour plus de deux tiers dans l'emploi des ressources extraordinaires.

Du reste, un seul fait peut donner une idée de l'ordre et de la régularité qui président aujourd'hui à l'administration financière de l'Espagne. A la fin de chaque mois la *Gazette de Madrid* publie en détail le budget des dépenses, établi le 25 en conseil de ministres pour le mois suivant, en sorte que le pays est mis à même de suivre pas à pas la gestion des deniers publics. Nous ne croyons pas que cet usage existe ailleurs qu'en Espagne, et il nous semble que ce système de budget mensuel est une excellente mesure et, dans tous les cas, la garantie d'une administration honnête et économe.

Quant à la dette, d'après le rapport adressé aux Cortès par la commission chargée de surveiller les opérations de la direction générale de la dette publique, elle formait, au 1er novembre 1858, un total de 14,635,165,478 réaux, qui se décompose ainsi :

DETTE RECONNUE.

	Réaux.
1° Obligations des États-Unis...	12,000,000
2° Consolidés intérieurs et extérieurs...........................	4,782,734,918
3° Différés....................	4,869,839,612
4° Amortissable (1re classe)	180,184,453
5° Amortissable (2e classe). ...	821,416,000
6° Matériel du Trésor..........	31,391,324
7° Personnel......................	447,678,038
8° Actions de Carreteras et des travaux publics..................	279,947,000
9° Actions de chemins de fer...	224,104,000
Total.....	11,649,295,345

A ce total il faut ajouter :

Pour les intérêts de la dette courante, à 5 0/0......	152,645,620	
Pour les titres de l'ancienne dette non encore convertie (Loi du 1er août 1851)...	1,683,158,145	
Pour la dette dont la liquidation est encore pendante......	1,150,066,373	
Ensemble............ ...		2,985,870,133
Total définitif......		14,635,165,478

La dette totale représenterait, à 3 0/0, un service d'intérêt annuel de 439,054,964 réaux ; mais comme tous les fonds que nous venons d'énumérer ne chargent pas le pays des mêmes obligations, les sommes nécessaires au paiement des intérêts ou de l'amortissement ne sont en réalité que de 355,700,000 réaux, soit un cinquième environ du total des charges budgétaires. Or, dans la plupart des États de l'Europe, les charges de la dette varient du tiers à la moitié des revenus publics.

On voit par ce rapide exposé quelle est aujourd'hui la situation financière de l'Espagne, et combien elle s'est modifiée depuis l'emprunt de 1856. Cette situation ne peut que s'améliorer, et quand les circonstances auront permis aux hommes d'État éminents qui administrent ce pays avec tant d'habileté et de dévouement, de mettre fin, par un acte de haute loyauté, aux légitimes réclamations des détenteurs d'obligations de la dette différée de 1831, la seule qui reste encore à régler, l'Espagne n'aura rien à envier, comme régularité financière, à aucune nation de l'Europe.

C'est le suprême et dernier sacrifice que lui commande encore l'intérêt de son honneur et de son crédit.

MOUVEMENT COMMERCIAL.

Les signes d'une amélioration sans cesse progressive apparaissent également dans le mouvement commercial, qui est comme le thermomètre des forces matérielles d'un pays.

Les douanes ne produisaient pas en Espagne 100 millions de réaux avant 1843 ;

Elles sont aujourd'hui comptées pour plus de 200 millions de réaux, et les revenus de l'Espagne augmentent incessamment par le développement naturel de la richesse publique.

En 1855, le mouvement des échanges était représenté par un chiffre de 2,283,124,815 réaux, dont ,023,761,323 importés, et 1,259,363,492 exportés

Pour 1857, le mouvement du commerce s'est élevé à 2,723,959,572 réaux, dont 1,555,375,013 pour l'importation, et 1,168,584,559 pour l'exportation.

Ce qui représente au total, et pour deux années, une amélioration de 440,834,757 réaux.

Les chiffres officiels pour le commerce en 1858 n'ont pas encore été publiés, mais ceux du cabotage représentent, sur 1857, une augmentation en quintaux de 725,819, d'une valeur de 429,871,433 réaux

Le cabotage a été effectué par 46,070 bâtiments, jaugeant 1,779, 359 tonneaux, et montés par 309,472 hommes d'équipage.

Voici la part des principaux ports dans ce mouvement :

	Quintaux.	Valeur en réaux.	Valeur en francs.
Barcelone,	4,250,738	614,292,326	163,876,735
Cadix,	2,897,954	479,528,503	125,876,232
Malaga,	2,575,204	278,943,194	73,222,583
Valence,	2,347,485	517,284,192	135,787,100
Alicante,	1,849,807	183,893,203	48,271,965

Le commerce extérieur de la colonie espagnole de Cuba en 1856 représente pour l'ensemble des échanges, au total et en francs, 344,352,443 fr. 50 c. Enfin, les importations et exportations de Porto-Rico se sont élevées, pour 1857, à 67,113,111 fr. Dans le rang que tiennent les pays étrangers pour le mouvement commercial avec l'Espagne, d'après l'importance des échanges, la France est la première, l'Angleterre vient ensuite. Suivent la Sardaigne, le Portugal, la Suède, etc.

Le commerce de l'Espagne avec la France, nous sommes heureux de le constater, se développe sans cesse, et représente aujourd'hui plus du quart du commerce total ; l'Angleterre est au-dessous, même avec le mouvement du port de Gibraltar.

En relevant dans le tarif des douanes espagnoles les taxes qui rapportent le plus, on trouve qu'elles s'appliquent aux marchandises suivantes et qu'elles produisent les chiffres ci-après :

Sucre, 6,507,797 fr. ; morue, 5,974,026 fr. ; tissus de laine, 4,512,919 fr. ; cacao, 3,965,835 fr. ; tissus de coton, 3,124,209 fr. ; coton en laine, 3,569,203 fr. ; soieries, 1,975,375 fr. ; tissus de lin, 1,243,237 fr. ; tous ces chiffres donnent au total 33,284,653 fr., sur un produit total de douane de plus de **50** millions de francs, soit environ **64. 78 0/0.**

Depuis que la France a inauguré le régime de la réforme commerciale, l'Espagne et la Russie sont peut-être les seuls pays importants de l'Europe qui aient encore conservé le système anti-économique de prohibition; mais laissons au temps le soin de faire triompher au delà des Pyrénées, comme il vient de triompher chez nous, grâce à l'initiative du gouvernement impérial, le principe de la liberté commerciale.

Tout ce qui tend à réaliser la vie à bon marché, a pour résultat de faire baisser les salaires et de diminuer, sans préjudice pour personne, et à l'avantage du plus grand nombre, les frais de production, les prix de fabrication, et par conséquent à étendre le marché national. Peut-être le moment n'est-il pas encore venu pour l'Espagne de s'engager dans cette voie nouvelle; sa régénération date de trop peu d'années, et l'heure de ce suprême effort n'a pas encore sonné; mais il nous suffit de connaître les idées économiques et les aspirations sagement libérales du gouvernement espagnol, pour demeurer persuadé que si la paix, qui cicatrise si vite les blessures d'un grand peuple, continue à régner dans la Péninsule, il ne sera bientôt douteux pour personne que l'intérêt d'un pays baigné, sur une étendue de plus de 700 lieues, par la mer, et qui compte des ports de premier ordre et un mouvement commercial très-important, est de donner aux transactions le plus de liberté possible.

D'ailleurs, l'administration a déjà fait un premier pas dans cette voie. Elle a revisé et amendé sa législation commerciale; le tarif des douanes, publié le 2 octobre 1857, pour être appliqué dans son ensemble à partir du 1er janvier 1858, a posé les bases d'un remaniement général pour le régime général à l'importation et à l'exportation, inspiré par une appréciation plus vraie des véritables intérêts du commerce.

Nous avons déjà dit dans notre introduction quelles ressources de toutes sortes présentait le sol de l'Espagne. Ajoutons qu'on y compte 2,274 mines argentifères, 31 d'antimoine, 1 d'anthracite, 8 d'asphalte, 6 aurifères, 32 de cinabre, 3 de soufre, 89 de calamine, 496 de houille, 1 de mercure, 2 de cobalt, 219 de cuivre, 19 d'étain, 7 de lignite, 7 de nikel, 10 de pyrite de fer, 2 de pyrite d'arsenic, 267 de plomb, 2 de sel gemme, 40 de sulfate et d'hydrochlorate de soude, 1 de topazes, 45 de tourbe, 19 de zinc; en tout, 3,581 mines exploitées. On y trouve, en outre, 255 fonderies d'argent.

Dans un pays où tous les produits naturels abondent, la concurrence étrangère n'est guère à craindre, et la réciprocité des échanges a toujours pour résultat d'augmenter le bien-être général.

III.

CHEMINS DE FER.

Dans le développement de la richesse publique où l'Espagne doit trouver des moyens assurés de restauration financière, les chemins de fer occupent une place importante. On comprend l'influence qu'est appelé à exercer, dans un pays où le transport des produits naturels ou manufacturés présentait des difficultés presque insurmontables dans la plus grande partie du territoire, un système complet et bien entendu de voies de communication. On pressent combien d'éléments encore enfouis et inconnus doivent surgir tout à coup, lorsque les chemins de fer, tout à fait naturalisés au delà des Pyrénées, auront atteint leur entier développement. Au reste, des efforts combinés se produisent aujourd'hui sur tous les points, et l'œuvre peut-être la plus intéressante et la plus féconde de la transformation matérielle de l'Espagne, marche maintenant avec une rapidité merveilleuse, grâce au concours des capitaux français.

De 3,587 kilomètres concédés, près de 1,300 sont en pleine exploitation, 1,100 sont en voie de construction.

Voici le relevé des principales lignes en voie d'exécution.

Le chemin du Nord, de..........	633 kil.
Duenas à Alar..................	90
Guadalajara à Saragosse.........	286
Alcazar à Ciudad Real..........	112
Saragosse à Alsasua............	182
Tudela à Bilbao................	247
Mauresa à Saragosse............	301
Arenys à Santa Coloma..........	36
Granollers à Santa Coloma.......	39
Montblanc à Reus...............	29
Puerta-Real à Cadix............	28
Espiel et Belmen à Ventas de Alcolea......................	65
Barcelone à Sarria	8

Le Gouvernement espagnol a de plus concédé le chemin de Triano à Bilbao, de 8 kilomètres, et celui d'Albacète à Carthagène, de 247 kilomètres.

La Compagnie du chemin de fer *du Nord de l'Espagne*, fondée par le Crédit mobilier espagnol, le Crédit mobilier français, la Société générale et la Banque de Belgique, et constitué au capital de 100 millions de francs, non compris les obligations qui peuvent égaler le capital-action souscrit, comprend les lignes de Madrid à la frontière de France, à la Bidassoa près d'Irun, et un embranchement vers Alar del Rey sur le chemin de Santander. L'importance totale du réseau est de 729 kilomètres.

Les 326 kilomètres de San Chidrian à Alar del Rey et au delà de Burgos jusqu'à Quintanapalla sont livrés ou sur le point d'être livrés à la circulation.

La Compagnie doit livrer :

En 1861, 134 kilomètres, savoir: 50 kilomètres de Madrid à l'Escurial, 31 kilomètres d'Avila à San Chidrian, 53 kilomètres de Quintanapalla à Pancorbo.

En 1862, 160 kilomètres, savoir: 100 kilomètres de Pancorbo aux Pyrénées, 60 kilomètres de Tolosa à Irun.

En 1863 et 1864, les traversées de Guadarrama et des Pyrénées, de 109 kilomètres.

Les produits probables de cette ligne sont évalués à 45,000 fr. par kilomètre.

Le chemin de fer de *Madrid à Saragosse et à Alicante*, fondé par les capitaux espagnols et français, et dont le capital est de 120 millions de francs, avec faculté d'émission d'obligations jusqu'à concurrence de la totalité du capital souscrit, date, comme constitution, de 1857.

Il comprend, ancien et nouveau réseau, 1,201 kilomètres, savoir :

De Madrid à Alicante.............	455 kil.
De Madrid à Saragosse.............	360
D'Alcazar à Ciudad Real, ligne d'Estramadure........................	112
De Castillejo à Tolède............	27
D'Albacète à Carthagène...........	247
Total.......	1,202 kil.

Sur lesquels 589 sont en exploitation : Madrid à Alicante, Tolède, Guadalajara, Alcazar, Manzanarès ; 365, en construction, Saragosse et Ciudad Real ; 247, à l'étude, Albacète, Carthagène.

Des difficultés de terrain ont retardé jusqu'à ce jour la mise en exploitation complète du chemin de fer de Saragosse à Madrid, qui traverse un pays très-montagneux, particulièrement du côté de Nicla d'Almunia, de Zoña Godina et de la Porte de la Mucla.

Les sections de Madrid à Almanza et d'Almanza à Alicante, qui mettent Madrid en communication avec la mer, produisent déjà 33,000 fr. par kilomètre.

Le chemin de fer de *Saragosse à Pampelune*, qui doit être terminé en 1861, a été concédé à une Compagnie, à la tête de laquelle est placée la maison J. Mirès, de Paris. Les travaux ont été entrepris à forfait par M. José Salamanca, dont le nom est lié si intimement à la régénération du crédit de l'Espagne et à la création de ses chemins de fer.

Déjà les travaux de deux sections très-importantes, celles de Pampelune à Vendas de Murillette, et de Tolosa, sont terminés, et ceux des autres sections sont conduits avec la plus grande activité.

Le capital de cette Société, composé de 27,500,000f., a été souscrit par la Caisse générale des chemins de fer et émis par elle au mois d'avril 1860, avec garantie. Cette garantie consiste dans l'obligation de rembourser les actions au pair, si, un an après la mise en exploitation, c'est-à-dire au 1er janvier 1862, les titres étaient au-dessous de 500 fr.

Au reste, les conditions favorables de ce chemin,

tête de la ligne entre la France et la Péninsule, motivent complétement une initiative dont l'Espagne a pu apprendre depuis longtemps à apprécier la valeur.

Le chemin de fer de *Barcelone à Saragosse* a déjà livré à la circulation la section de Barcelone Manresa, de 66 kilomètres, et celle de Manresa à Lérida, de 118 kilom.; ensemble, 184 kilom.; la dernière section de Lérida à Saragosse, d'une longueur de 182 kilom., est presque terminée ; lorsqu'elle sera ouverte, le total de la ligne sera de 366 kilom.

Le chemin de fer de *Séville-Xérès-Cadix*, créé par la Compagnie générale de Crédit en Espagne, au capital social de 23,750,000 fr. actions, de 11,875,000 fr. obligations, comprend deux grandes sections, l'une de Séville à Xérès, d'une longueur de 104 kilom.; l'autre, de Puerto Real à Cadix, de 34 kilom., auxquelles vient d'être réunie la petite ligne de Xérès au Trocadero. Plus de 100 kilom. sont en exploitation.

Enfin le chemin de *Cordoue à Séville*, de 131 kil., est livré à la circulation depuis le mois de juin 1859; il en est de même du chemin de fer de *Valence à Almansa*, également livré à l'exploitation depuis le mois de novembre de la même année.

Ainsi, toutes les difficultés que présentait le parcours de certaines parties de l'Espagne sont aujourd'hui vaincues, et d'importantes sections du chemin de fer du Nord, de celui de Barcelone, de celui de Pampelune, vont augmenter d'un chiffre considérable le réseau des voies ferrées espagnoles.

POSTFACE.

Nous avons passé en revue les éléments divers qui concourent au développement de la prospérité de l'Espagne et qui sont le plus sûr garant de son avenir.

Tout dans l'ordre matériel vient à l'appui de notre conviction à cet égard; les faits qui se sont accomplis dans l'ordre politique les confirment encore.

Le côté saillant de la politique actuelle du gouvernement espagnol, c'est la stabilité, base indispensable de tout progrès. Jusqu'à 1858 les systèmes se succédaient avec les ministères, dans une administration incertaine, qui ne pouvait rien fonder de solide et de durable. Un esprit d'élite, le maréchal O'Donnel, honoré de la confiance de sa souveraine et connaissant bien les besoins, les habitudes et les aspirations de son pays, l'a réveillé d'une longue léthargie et lui a rendu sa place parmi les grandes puissances européennes.

Chef de l'*Union libérale* qui représente le grand parti national, le duc de Tétouan a su se concilier toutes les opinions en faisant entrer dans le cabinet qu'il préside, des hommes éminents représentant les fractions politiques les plus importantes de partis qui n'existent pour ainsi dire plus qu'à l'état de souvenir; il a rallié ainsi à lui toutes les bonnes volontés, tous les dévouements patriotiques qui ne s'inspirent que des besoins réels et des grands intérêts de la nation.

Le ministère actuel poursuit hardiment et avec une persévérance qui ne s'effraie pas des difficultés inséparables d'une grande pensée, la régénération de l'Espagne, le retour aux glorieux temps d'Isabelle la Catholique.

Fort de ses intentions et de l'appui de tous les bons citoyens, le ministère O'Donnel est entré avec énergie dans une voie toute autre que celle suivie par ses devanciers. Il a provoqué, aux Cortès, la loi de désamortissement, qui a décrété la vente, au profit de l'Etat, des biens immeubles du clergé, et il a fait rentrer ainsi au Trésor appauvri des sommes considérables.

L'entreprise a été menée à bonne fin, malgré des résistances auxquelles on devait s'attendre, et les complications qu'elle avait soulevées avec la cour de Rome ont été heureusement terminées.

La nouvelle administration a pacifié le pays; tout en laissant le champ libre à la manifestation des opinions et à la discussion sérieuse, elle a replacé toutes les provinces sous l'empire des lois, rétabli le crédit, rehaussé la gloire des armes espagnoles en Afrique, et rendu à la nation la considération que lui avait trop longtemps refusée l'Europe.

Nous savons que des réformes importantes sont en ce moment à l'étude Des projets de loi sur l'imprimerie, sur les incompatibilités, une organisation des municipalités plus conforme aux traditions nationales, l'inauguration d'un système progressif dans les tarifs des douanes, enfin des règlements sur l'accession aux fonctions publiques et sur l'avancement, qui mettront un terme au favoritisme et au népotisme dans les carrières administrative et politique, tels sont les objets principaux déjà élaborés et qui sans doute seront soumis prochainement à l'agrément de la reine et à l'approbation des Corps delibérants, par le maréchal duc de Tétouan et par ses collègues.

En même temps l'augmentation du matériel de guerre et des forces navales du pays se poursuit activement.

Dans le siècle où nous vivons, les nations ne sont respectées qu'autant qu'elles sont fortes, et le ministère sait bien qu'à cet égard il n'ira jamais au delà des vœux et du juste orgueil du pays.

La politique de l'Espagne au milieu des circonstances difficiles que vient de traverser et que traverse encore l'Europe est claire et précise: c'est une politique de neutralité. Le temps des aventures est passée pour elle, et, quelles que fussent ses sympathies, elle ne pouvait accepter un autre rôle.

A l'intérieur, les populations, occupées par le grand mouvement industriel qui relève partout le travail, ont renoncé d'elles-mêmes aux agitations stériles et assistent, reconnaissantes et recueillies, à la rénovation de la patrie commune. Le voyage que S. M. la reine Isabelle vient de faire à travers les principales provinces du royaume, n'a été qu'une longue suite d'ovations et de témoignages de respectueuse affection.

Le voyage triomphal de la reine, l'heureuse conclusion de la guerre avec le Maroc, l'issue de la ridicule échauffourée de San Carlos de la Rapita, enfin la rupture récente avec le Vénézuela, amenée par des causes qui excluent de la part du cabinet de Madrid toute idée de conquête, et qui sans doute se terminera par la juste réparation que le gouvernement espagnol a demandée pour ses nationaux : tels sont les principaux événements de l'année 1860, au point de vue politique.

Tout concourt donc, ainsi que nous le disions tout à l'heure, à rendre à l'Espagne la place à laquelle elle a droit en Europe, et nous ne doutons pas qu'elle ne reprenne bientôt son rang parmi les puissances de premier ordre.

C'est le vœu récemment exprimé par l'Empereur, c'est aussi celui de la France; car la célèbre métaphore d'un autre temps, « Il n'y a plus de Pyrénées, » va devenir bientôt, grâce aux chemins de fer, une vérité, et rien n'empêchera plus deux grandes nations qui s'estiment mutuellement de se donner la main, et de marcher ensemble dans la voie de la liberté et du progrès.

FIN.

PARIS. — IMPRIMERIE CENTRALE DE NAPOLÉON CHAIX ET Cie, RUE BERGÈRE, 20. — 11968.

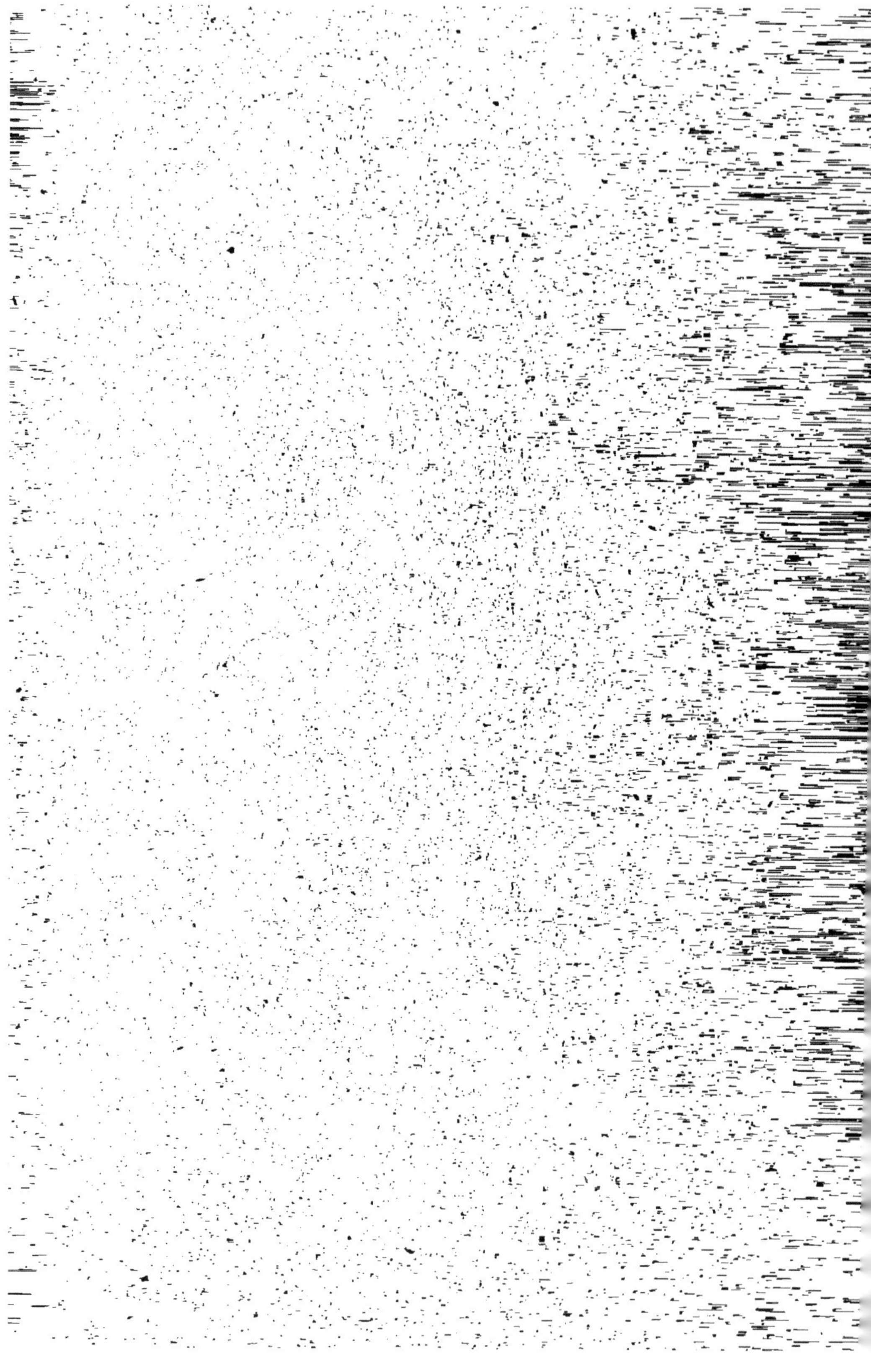

www.ingramcontent.com/pod-product-compliance
Ingram Content Group UK Ltd.
Pitfield, Milton Keynes, MK11 3LW, UK
UKHW020358250726
13967UKWH00005B/2353

9 782012 969025